Marceline Putnai

# Le secret de Monsieur Wang

W0075029

Ernst Klett Verlag
Stuttgart · Leipzig

# Table des matières

1. Auflage      1   5   4   3   2   |   2016   15   14

Alle Drucke dieser Auflage sind unverändert und können im Unterricht nebeneinander verwendet werden. Die letzten Zahlen bezeichnen jeweils die Auflage und das Jahr des Druckes.

© Ernst Klett Verlag GmbH, Stuttgart 2012. Alle Rechte vorbehalten. www.klett.de
Redaktion: Christelle Souvras
Umschlag: Beate Klauder, Stuttgart
Illustration: Beate Klauder, Stuttgart
Satz: Fotosatz Kaufmann, Stuttgart
Druck: Medienhaus Plump, Rheinbreitbach
Printed in Germany.
ISBN 978-3-12-591844-3

# Avant la lecture

### 1. La couverture *(Umschlag)*

a) Regardez le dessin. Décrivez-le.
b) Faites des hypothèses sur l'histoire du livre.

### 2. Le titre

Lisez le titre du livre. De quoi parle l'histoire?

### 3. Dans le livre

a) Ouvrez le livre, regardez les pages et lisez la quatrième
   de couverture *(Rückentext)*.
   Que savez-vous déjà sur l'histoire?
b) Lisez les titres de la table des matières (page 2).
   Quelles nouvelles informations donnent ces titres?
c) Où et quand se passe l'histoire? Trouvez des indices
   dans le livre *(Findet Hinweise im Buch)*.

# 1 Le problème de Moustique

Dimanche 6 novembre, 8 heures. Paris est gris. Il fait froid.
Dans la chambre de Marie, il y a Moustique. Il est devant le
lit et il regarde la couverture. Sous la couverture, il y a Marie.
5 Moustique fait des petits bruits. Il dit: «Marie, s'il te plaît, j'ai
très envie de faire pipi! VITE!» … Une minute, deux minutes,
Marie ne fait rien! … Moustique regarde Marie, il regarde
le lit et dit encore: «Miiii, mhiiii, mhiiii …» Et là, Marie dit:
«Moustique, on est dimanche, je suis fatiguée, je reste encore
10 un peu dans mon lit …» Moustique n'est pas content. Non,
vraiment pas content! Quand on fait toujours pipi le matin
du lundi au samedi à sept heures et demie, pourquoi est-ce
que ce n'est pas comme ça le dimanche?
Moustique n'aime pas ça. Mais, il y a encore une chance
15 avant la catastrophe (la catastrophe sur le tapis du salon!).
Ce n'est pas très sympa pour Marie, mais Moustique n'a
pas d'autre idée.

Moustique va dans la cuisine. Gabriel et Clara sont là, avec
leurs parents. Moustique est maintenant à côté de Monsieur
20 Chabane. Et là, le petit chien fait: «HOUUUUUUUUU».
Un jour, Moustique a regardé un film à la télévision avec
Gabriel. Un super reportage sur les chiens des Eskimos,
les uskis. Moustique a adoré. Après, il a beaucoup travaillé
et maintenant, c'est sûr, Moustique est comme un petit
25 huski. «Houuuuu houuuuuu». Le croissant de Monsieur Chabane tombe dans son café. «STOP! Moustique! STOOOOP!»
Puis, deux secondes après: «MARIE, TON CHIEN A UN
PROBLEME!»

Gabriel n'est pas content, il regarde son père et demande:
– Pourquoi est-ce que c'est le chien de Marie? Moustique,
c'est aussi mon chien, non?

---

4 **une couverture** eine Decke – 7 **ne … rien** nichts – 15 **un tapis** ein Teppich –
19 **à côté de** neben – 23 **adorer qn/qc** jdn./etw. sehr gern mögen – 25 **un croissant**
ein Croissant

– Mais oui, mais oui Gabriel, c'est aussi ton chien, le chien de Clara, le chien de ta mère …
– Et ton chien aussi, Papa, non?

Monsieur Chabane regarde son fils, regarde le chien et soupire:

– Oui, Gabriel, c'est aussi mon chien! Mais quand Marie et moi avons adopté Moustique à la SPA, elle a dit: «Oh, Papa, regarde le petit chien! S'il te plaît, papa, je vais aller avec le chien dehors du lundi au dimanche, je vais tout faire, mon petit papa, s'il te plaît! …» Alors Gabriel, dit M. Chabane, maintenant, le dimanche matin, Moustique, c'est le chien de Marie. MAAARIIIIE! Tu as deux minutes pour arriver ici!

Mais pour Moustique, deux minutes, c'est beaucoup, c'est trop, c'est beaucoup trop! La catastrophe va bientôt arriver!

– Ah non, Moustique, dit Monsieur Chabane. Tu ne vas pas …

Marie arrive enfin dans la cuisine. Elle a toujours son pantalon de pyjama rose. Elle a un pull vert, et l'anorak de son père. Sur la tête, elle a un chapeau orange. A ses pieds, elle a les chaussures de sa mère. Gabriel et Clara trouvent leur sœur très intéressante comme ça.

– Waouh! Le look!

Marie ne parle pas. Comme un robot, elle quitte l'appartement avec le chien. Moustique est très content. Une minute plus tard, Marie et Moustique sont dans la rue.

La rue est froide et grise. C'est encore la nuit! Les magasins sont fermés. Devant la maison de la presse, il y a un thermomètre: –5°C. Marie a froid. Voilà! Moustique est devant SON endroit. Dans tout le quartier, Moustique aime un ou deux endroits! Marie regarde la rue. Le dimanche matin, on rencontre toujours les mêmes personnes.

---

5 **soupirer** stöhnen, seufzen – 9 **dehors** draußen – 20 **la tête** der Kopf – 28 **être fermé(e)** geschlossen sein – 32 **les mêmes** die gleichen

Là, il y a Mme Ramirez avec sa Diana. Diana est un petit chien horrible avec un pull rouge. Et voilà Monsieur Noisel avec Rambo, son dogue danois. Il est sympa, Monsieur Noisel. Il dit bonjour à Marie avec la main droite. Dans la main gauche, il a des petits sacs noirs en plastique pour 5 … euh … pour les … cadeaux de Rambo. Rambo travaille déjà pour mettre quelque chose dans le premier sac. Marie dit bonjour aussi mais elle n'a pas envie de discuter avec Monsieur Noisel ce matin. Elle n'est pas contente et elle ne parle pas à Moustique. Faire le huski le dimanche matin, 10 ce n'est vraiment pas sympa! Papa va être énervé toute la journée maintenant.

Marie traverse la rue. Elle est maintenant devant la maison de la presse de Madame Lathière. Elle regarde les BD, les affiches! Cool, une affiche de «Fairy tales». Marie adore ce 15 manga, c'est une super affiche pour sa chambre! Mais Marie voit quelque chose dans la vitrine. Une personne, garçon ou fille, on ne sait pas, avec des vêtements très bizarres: un chapeau orange, un anorak beaucoup trop grand et un pantalon … vraiment bizarre … un peu comme … mais 20 oui … comme SON pyjama! «QUOI! Mais c'est moi, je suis vraiment dans la rue comme ça! Avec ces vêtements!» Et là, Marie est très bien réveillée. «Vite, on rentre maintenant!» Marie regarde dans la rue. Les copains du collège sont encore dans leur lit à cette heure le dimanche! Ouf! 25
– Allez, Moustique, viens! On rentre à la maison. Il fait froid! MOUSTIQUE!
Moustique n'est plus là, Marie a encore la laisse dans la main, mais pas le chien. Une seconde plus tard, Marie trouve son chien. Moustique est derrière un gros chat blanc. Ils vont 30 très, très vite! Le chat et le chien tournent tous les deux dans la rue de Rome. Marie est derrière eux maintenant.

---

2 **horrible** schrecklich – 3 **un dogue danois** eine dänische Dogge (*Hunderasse*) – 11 **être énervé(e)** genervt sein – 11 **toute la journée** den ganzen Tag – 17 **une vitrine** ein Schaufenster – 23 **être réveillé(e)** wach sein – 25 **ce/cet/cette** diese(r, s) – 28 **une laisse** eine Hundeleine – 30 **gros/grosse** dick – 32 **derrière eux** hinter ihnen

## 2 Husi

– MOUSTIQUE, STOP! VIENS ICI! MOUSTIQUE!!
Tiens! Voilà Monsieur Noisel avec dans la main son petit
sac noir numéro 3!
5 – Un problème, Marie?
Marie n'écoute pas, elle appelle son chien.
– Moustique, attention, la rue! Non!
Marie est derrière son chien. Elle a oublié son pyjama.
Moustique est derrière le chat. Il a oublié Marie. C'est comme
10 ça avec les chats! Moustique oublie tout. Il y a un gros chat
blanc devant lui et il court. Le chat blanc est un sportif, il
trouve même le temps pour regarder derrière. Il regarde le
petit chien et … mais oui … il sourit. Tout à coup, il tourne
à droite dans une petite rue.

15 Moustique arrive dans la rue aussi, mais le chat n'est déjà
plus là. Moustique regarde dans la rue. Il écoute, il reste là.
Il va retrouver ce chat! Marie arrive, elle est très fatiguée et
elle n'est pas contente! Non, vraiment pas contente!
– MOUSTIQUE, VIENS ICI MAINTENANT!
20 Maintenant, Moustique regarde Marie. Que faire? Marie ou
le chat, le chat ou Marie? Marie n'est pas contente. C'est
trop tard pour bien faire, non? … Et le chat blanc, il ne peut
pas être très loin. Moustique cherche encore, il va dans la
petite rue, il cherche le chat blanc. Tout à coup, Moustique
25 tourne à droite et va derrière une porte. Marie arrive dix
secondes plus tard. Sur la porte, elle lit: «Le Palais des Thés».
C'est un très petit magasin. Elle entre. Dans le magasin, il
y a beaucoup d'étagères. Sur ces étagères, il y a des boîtes
noires, il y a vraiment beaucoup de boîtes noires. Sur les
30 boîtes, il y a des étiquettes. Marie regarde les boîtes pour
lire. «Thé du silence», «Thé de la tranquillité», et tiens, là il
y a un «Thé du chat»!

---

6 **appeler** rufen – 11 **courir** rennen – 13 **sourire** lächeln – 13 **tout à coup** plötzlich –
25 **une porte** eine Tür – 28 **une étagère** ein Regal – 29 **une boîte** eine Schachtel –
31 **le silence** die Stille – 31 **la tranquillité** die Ruhe

Et là, sur la dernière étagère, il y a le gros chat blanc, qui regarde Marie et Moustique.

– Ah bravo, Moustique! dit Marie. Tu es content maintenant? Moustique, je ne suis pas contente! Regarde-moi! On y va maintenant. 5

Marie va quitter le magasin avec Moustique mais, tout à coup, un vieux monsieur est là devant elle! Elle fait un petit bruit de surprise.

– Ah, mais …

Le vieux monsieur regarde Marie. 10

– Excuse-moi, tu as eu peur?

– Non, non! Je … euh …! Je suis désolée monsieur, euh …, pour le chien …

– Ah, le chien! dit le vieux monsieur et il regarde le chat sur l'étagère. Husi aime bien faire ça avec les chiens du 15 quartier. Mais ton chien est un bon adversaire pour Husi, il va très vite. Bravo! Tu ne trouves pas, Husi?

Le chat, sur son étagère, ne regarde plus le vieux monsieur. Le monsieur dit:

– Oh, oh, notre Husi n'est pas content! 20

Marie regarde le chat et rigole.


## 3  Le «Thé des singes»

– Bon, tu connais déjà Husi, dit le monsieur. Moi, je suis Monsieur Wang et tu es ici dans mon magasin, «le Palais des Thés». 25

– Moi, je suis Marie.

– Est-ce que tu aimes le thé, Marie?

– Euh … , à la maison, je prends du chocolat chaud! Le thé, je n'aime pas trop!

– Ah, ah! (Les yeux de Monsieur Wang brillent maintenant.) 30 Alors, s'il te plaît, reste encore un peu. Je vais préparer un thé pour toi.

---

7 **vieux/vieille** alt – 11 **avoir peur** Angst haben – 16 **un adversaire** ein Gegner – 21 **rigoler** lachen – 22 **un singe** ein Affe – 23 **connaître** kennen – 30 **un œil/des yeux** ein Auge/die Augen – 30 **briller** glänzen

– Mais euh … merci Monsieur Wang, mais je rentre parce
que … je … n'ai pas … euh … je suis …
– … en pyjama? dit M. Wang. Et alors? Moi aussi!
Marie ne dit rien, elle est très rouge. Elle regarde Monsieur
5 Wang. Il porte une veste et un pantalon verts.
– Une minute, Marie, j'arrive!
Très, très vite, Monsieur Wang quitte la pièce, il va derrière
une petite porte rouge. Marie regarde le magasin. Dans la
pièce, il y a deux très petites tables et des chaises. Marie
10 prend place. Les minutes passent. Husi regarde Moustique,
Moustique regarde Husi.
Enfin, Monsieur Wang arrive avec un plateau dans les mains.
Il pose devant Marie une tasse très chaude.
– Alors, ça sent bon, non? demande Monsieur Wang.
15 – Hmmm, oui, ça sent très bon!
Marie regarde le thé dans la tasse. Il a une très jolie couleur
verte. Elle prend la tasse, souffle un peu et boit.
– Humm, c'est super bon, Monsieur Wang!
– Mais bien sûr!
20 – Hmm, comment s'appelle ce thé! Maman va prendre ça
au supermarché maintenant!
– Au supermarché!! Mais on ne trouve pas le «Thé des singes»
au supermarché, Marie!
– Oh pardon! dit Marie, je ne sais pas beaucoup de choses
25 sur le thé, M. Wang!
– «Le Thé des singes», Marie, c'est comme de la magie dans
une tasse. On trouve ce thé dans l'Himalaya. Seulement
les singes Hu peuvent aller chercher ce thé dans les mon-
tagnes.
30 – C'est vrai? demande Marie. Ce n'est pas une histoire pour
faire de la publicité?
– De la publicité!? Marie, on trouve ce thé depuis 2000 ans!
Monsieur Wang regarde Marie.

---

9 **une chaise** ein Stuhl – 10 **qc passe** etw. vergeht – 12 **un plateau** ein Tablett –
13 **poser qc** etw. (hin)stellen – 14 **sentir bon** gut riechen – 17 **boire** trinken –
27 **seulement** nur – 28 **une montagne** ein Berg – 31 **une publicité** eine Werbung –
32 **depuis** seit

– Je … euh …

Marie ne parle plus parce que Monsieur Wang n'est pas très content. Elle regarde encore le petit magasin. Et là, il y a une photo sur le mur. Un garçon de vingt ans porte un grand masque de dragon dans la main droite et un sabre 5 dans la main gauche.

– Et oui, dit Monsieur Wang, les années passent très vite, Marie. C'est moi sur la photo.
– C'est quoi le sabre? Et le masque? C'est du théâtre?
– Du théâtre? Ah non, Marie. C'est un sport, le Wu Shu. 10
– Comme le judo?
– Ah non, le judo est japonais. Le Wu Shu, c'est chinois.
– Ah bon! J'ai une copine qui fait du judo, elle s'appelle Alex! C'est une championne. Et vous, vous êtes champion en … euh … en … comment ça s'appelle déjà? 15
– Wu Shu. Eh bien, j'ai fait du Wu Shu avec des très grands professeurs.
– Waouh! Vous êtes un champion, alors? Quand je vais raconter ça à Alex!!
– Viens avec Alex si tu as envie. Nous allons parler du judo 20 et du Wu Shu.
– Et boire le «Thé des singes»?

M. Wang dit:
– Pourquoi pas?


# 4  La fille dans le magasin 25

Tout à coup, une voix appelle, derrière la petite porte rouge. C'est une fille qui appelle. Elle dit:
– *Zŭfù! Zŭfù!*

Monsieur Wang regarde la porte et dit quelque chose en 30 chinois.
– *Wŏ măshàng dào!*

---

4 **un mur** eine Wand – 5 **un masque de dragon** eine Drachenmaske – 5 **un sabre** ein Säbel – 26 **une voix** eine Stimme

Monsieur Wang regarde Marie. Il est un peu bizarre maintenant. Est-ce qu'il y a un problème? Il demande à Marie de quitter le magasin. Il va même avec elle jusqu'à l'entrée du magasin.

5 – Marie, je n'ai plus de temps pour toi maintenant. Je suis désolé. Tu rentres chez toi, avec ton chien bien sûr! A bientôt.
– Mais euh …
Marie ne dit rien, ça va très vite. Déjà, elle est dans la rue
10 devant le «Palais des Thés» avec Moustique. Déjà, Monsieur Wang n'est plus là.
– Hmm, c'est vraiment très bizarre, cette histoire. Qu'est-ce qu'elle a dit déjà, cette fille? Un mot comme «zoufou»? Qu'est-ce que c'est ça, «zoufou»? Peut-être que c'est «au
15 secours»? Elle est peut-être prisonnière? Mais pourquoi est-ce que Monsieur Wang discute avec moi alors? Non, vraiment, c'est très, très bizarre!

Moustique regarde Marie, il dit merci à sa copine. Très sympa, ce petit tour dans le quartier aujourd'hui. Et ce chat chinois,
20 ce Husi, voilà enfin un chat intéressant. Mais Marie regarde maintenant Moustique avec des yeux très noirs vers le chien.
– Moustique, on rentre à la maison! Je ne suis pas contente. Tu n'es pas un chien sympa!
Comment ça, pas un chien sympa? Courir derrière un chat,
25 est-ce que Marie ne trouve pas ça super? Moustique soupire: Non, vraiment, les humains sont très bizarres.

## 5 Zǔfù!

Lundi matin, Marie quitte son lit à six heures. Elle prend son petit-déjeuner dans la cuisine. Ses parents, son frère
30 et sa sœur sont encore dans leur lit. Moustique aussi.

---

14 **Au secours!** Hilfe! – 15 **être prisonnière** Gefangene sein – 26 **un humain** ein Mensch – 29 **le petit-déjeuner** das Frühstück

Mais Moustique ne parle plus à Marie depuis dimanche matin. Marie prend sa tasse de chocolat chaud entre ses mains. Elle va parler de Monsieur Wang à Léo et à Alex. Cette histoire est vraiment trop bizarre. Ensemble, ils vont aller chez Monsieur Wang et trouver la solution. Qui est la 5 fille dans le magasin? Pourquoi est-ce qu'elle n'entre pas dans la pièce? Est-ce qu'elle est en danger? Marie ne va pas parler aux parents ou aux profs. Elle va d'abord chercher avec ses copains.

– Marie? Mais qu'est-ce qu'il y a? Tu as un problème?  10

Le père de Marie entre dans la cuisine en pyjama.

– Un problème? Pourquoi, papa?

– Parce que tu es dans la cuisine un lundi matin à 6h30. Tu prends ton petit-déjeuner, tu portes déjà tes vêtements pour aller à l'école, je ne vais pas aller dix fois dans ta 15 chambre ce matin et je ne vais pas crier dix fois: «Marie, s'il te plaît, il est l'heure! Tu vas être en retard!» Voilà pourquoi je demande: Est-ce que tu as un problème, ma puce?

– Non, Papa, tout va bien. Tiens regarde, il y a du café pour 20 toi!

Le père de Marie ne parle plus, il prend un café et regarde sa fille.

Marie retrouve ses copains Alex et Léo dans l'avenue de Clichy avant d'aller au collège. Marie arrive dix minutes avant 25 l'heure du rendez-vous. Il fait encore froid, même avec sa veste chaude. Pour passer le temps, Marie regarde les gens dans la rue. Des enfants vont à l'école, des grands-mères vont à la boulangerie, des hommes et des femmes vont travailler. Comment est-ce qu'ils s'appellent, ces gens? Où 30 est-ce qu'ils habitent? Marie aime bien regarder les gens à Paris. Elle invente des histoires pour tout le monde. Un petit garçon arrive devant Marie. Il a un sac pour l'école.

---

5 **une solution** eine Lösung – 7 **en danger** in Gefahr – 16 **crier 10 fois** zum zehnten Mal schreien – 29 **un homme** ein Mann – 30 **une femme** eine Frau

Il a six ou sept ans. Il a des cheveux très noirs. Il porte une casquette avec un joli dragon chinois. Le petit garçon appelle: «Zǔfù!». Ça alors! Marie regarde le garçon. Le petit garçon n'est pas content, il appelle encore, très fort: «Zǔfù!». Puis
5 il regarde Marie.
    – Mais pourquoi est-ce que tu me regardes comme ça?
    – Pour rien ... euh ... pourquoi est-ce que tu cries comme ça? Tu as un problème?
    – Ah oui, j'ai un problème! Je vais encore être en retard à
10    l'école! Mon grand-père vient toujours avec moi, mais il est toujours en retard.
    – Ah bon! Mais qu'est-ce que c'est, «zoufou»!
    – Pff, c'est pas comme ça! dit le garçon. Ecoute bien!
Il prend un air sérieux et dit: «Zǔfù!».
15 Et là, une voix dit au petit garçon:
    – Oui, oui, voilà, j'arrive! On a le temps, non?
Un monsieur arrive. Il a un joli sourire, des cheveux blancs. Il a un journal chinois dans la main.
Le petit garçon montre le monsieur et dit à Marie:
20    – Regarde, voilà un «Zǔfù»! C'est «grand-père» en chinois!
    – Ah oui! C'est grand-père en chinois!!! Vraiment?
    – Ben oui, vraiment!
Le monsieur arrive et demande à Marie.
    – Bonjour, Mademoiselle. Vous cherchez un professeur de
25    chinois? Ah ah! Avec Chen, ça va être une catastrophe, attention! Il est très sévère! Il est même très sévère avec son grand-père!
Le petit garçon est un peu rouge et ne dit rien. Le monsieur dit au revoir à Marie avec la main, puis il prend la main de
30    son petit-fils et ils vont ensemble à l'école.
    – Grand-père! «Zǔfù», c'est grand-père. Donc, Monsieur Wang a une petite-fille. Donc, elle n'est pas prisonnière! Donc il n'y a pas de problème! Hmm ... Ou peut-être qu'elle est prisonnière quand même!

---

1 **les cheveux** die Haare – 4 **fort** *hier:* stark – 14 **un air** *hier:* ein Ausdruck, eine Miene – 24 **Mademoiselle** Fräulein – 26 **sévère** - *hier:* streng

# 6 Les copains au «Palais des Thés»

C'est l'heure du rendez-vous. Alex et Léo arrivent. Ils sont
maintenant derrière Marie et ils écoutent leur copine sans
rien dire. Elle parle encore toute seule!
- Il y a des trucs bizarres dans cette histoire! Pourquoi est- 5
ce que M. Wang n'a plus parlé avec moi? Et pourquoi est-
ce qu'il a fermé son magasin comme ça? Peut-être que
sa petit-fille a un problème?

Alex pose la main sur Marie. 10
- Tu parles toute seule maintenant, Marie?
Marie regarde ses deux amis qui rigolent.
- Alex, Léo! Enfin, vous êtes là!
Léo regarde Marie:
- Bien sûr, Marie, oui, on est là, comme tous les matins, 15
du lundi au vendredi!
- Oui, dit Marie, mais aujourd'hui ce n'est pas un jour
comme les autres. Je vais vous raconter un truc.
- Je sais! dit Alex. Florent de la 5e B est amoureux de toi!
- Mais non, Alex! Non, un truc VRAIMENT important … 20
- Ah, parce que Florent n'est plus important maintenant
…
- Alex, s'il te plaît! Ecoute mon histoire. Alors, voilà! Hier,
comme tous les dimanches, j'ai fait un tour dans le
quartier avec Moustique … 25

Et Marie raconte: Husi, M. Wang et le «Palais des Thés»,
la photo et le masque de dragon, le Thé des singes qui a
2000 ans, et enfin, la petite-fille et la réaction bizarre de
Monsieur Wang.

- Waouh, tu as raison, il est bizarre, ce Monsieur Wang! 30
dit Léo.

---

4 **tout(e) seul(e)** ganz allein(e) – 7 **fermer** schließen – 19 **amoureux** verliebt –
20 **important** wichtig

- Qu'est-ce que tu vas faire alors? demande Alex.
- Qu'est-ce que NOUS allons faire! dit Marie. Nous allons aller ensemble au «Palais des Thés». M. Wang a très envie de rencontrer Alex.
5 - Moi? Mais pourquoi moi? demande Alex.
- Mais parce que tu fais du judo. Et lui, il fait du … euh … du machin-truc là, du Wu Shu.
- C'est quoi ça, le Wu Shu, demande Alex. Il y a le karaté, le tae kwon do, le jui jitsu, le kick boxing …
10 - Oui, oui, ça va! dit Léo. Eh bien, c'est cool, Alex, tu vas faire un autre sport!
- Ouais! A mon avis, c'est un truc comme le yoga! C'est pour les vieux!
- Bon, on va au «Palais des Thés» après les cours alors?
15 demande Marie. Mais peut-être que vous avez peur? C'est ça? OK. Je vais aller chez M. Wang sans vous.
- PEUR! Alex a peur, mais moi, je vais aller avec toi, Marie, dit Léo.
Alex regarde Léo.
20 - Léo, tu es un petit macho! Je vais avec vous aussi, bien sûr!

Après le collège, les trois copains vont au «Palais des Thés». Le magasin de M. Wang est là, dans sa petite rue.
- Il est joli, ce petit magasin, dit Alex.
25 - Oui, c'est vrai. C'est comme en Chine, dit Léo.
Marie entre. Dans le magasin, deux dames prennent une tasse de thé. Il y a là aussi une vieille dame avec des vêtements chinois.
- Bonjour! dit la dame.
30 - Euh … bonjour madame, dit Marie. Je … euh … nous cherchons M. Wang.
- M. Wang. Oui, oui! Il arrive, dit la vieille dame. Une minute, s'il vous plaît.

---

7 **le machin truc** das Dingsda – 12 **à mon avis** meiner Meinung nach – 13 **les vieux** die Alten – 16 **sans** ohne

Là, un grand chat blanc entre dans la pièce. Il regarde tout le monde et prend son temps.

Marie dit:

- Salut, Husi! Tu es cool aujourd'hui! Moustique n'est pas
5 avec moi, c'est dommage, non?
- Ah, c'est toi, la fille d'hier? demande la vieille dame. Ton chien a trouvé l'adresse de Husi. Bravo! C'est le premier chien du quartier qui arrive ici! Husi a un peu peur maintenant. Hein, Husi!
10 Husi saute sur une étagère et commence à se lisser les moustaches.
- Voilà pourquoi il s'appelle Husi, dit la dame. Quand il n'est pas content, il se lisse les moustaches. Et Husi, c'est comme «Moustache» en chinois!

## 15 7 Le cours de Taï Chi

M. Wang arrive dans le magasin. Aujourd'hui, il porte une chemise et un pantalon gris.

- Tiens, Marie! Tes amis sont là aussi! Je suis content. Vous êtes là pour le «Thé des singes»?
20 - Euh … oui, oui … dit Léo.
- C'est dommage, dit M. Wang! Ecoutez, je n'ai pas le temps. Je vais donner un cours de Taï Chi. Mais si vous avez envie, vous allez au cours avec moi.

Marie regarde l'heure. Il est quatre heures:

25 - D'accord! A cinq heures, j'ai mon cours de musique mais …

Alex et Léo sont aussi d'accord: La mère de Léo rentre seulement à 19 heures et Alex écrit un SMS à sa mère.

- D'accord, M. Wang, dit Marie. On va avec vous. C'est où,
30 le cours de Taï Chi?

---

2 **prendre son temps** sich Zeit lassen – 10 **sauter** springen – 10 **se lisser les moustaches** sich den Schnurrbart glatt streichen

– Nous allons dans le parc Martin Luther King. On y va maintenant. Monsieur Wang n'est jamais en retard!

– Ah, comme Léo, alors! dit Alex et les deux filles rigolent.

– Ah, ah, ah, très drôle, dit Léo.

Marie, Alex et Léo quittent le magasin derrière Monsieur 5
Wang.

Dans le parc Martin Luther King, les élèves sont déjà là.
Léo dit:

– Tu as raison, Alex, c'est un truc pour les vieux! Regarde.

Les élèves de M. Wang arrivent. Il y a des hommes et des 10
femmes, des Asiatiques, des Noirs, des Blancs mais tout
le monde ici a au moins 30 ans! M. Wang montre les trois
amis à ses élèves.

– Voici mon amie Marie et …

– Voilà mon copain Léo et ma copine Alex, dit Marie. 15

Tout le monde dit bonjour.

– Eh bien, le cours va commencer, dit M. Wang.

Alex regarde Léo et dit:

– Super, cette idée de Marie! Qu'est-ce qu'on fait ici?

M. Wang commence: 20

– On respire ensemble. Voilà, pas trop vite!

– Oh non, c'est nul, dit Léo à Alex. Ce n'est pas un sport,
ça!

Monsieur Wang et ses élèves bougent leur main maintenant.
Ils ne bougent vraiment pas vite. 25

– C'est quoi ça? demande Léo. Qu'est-ce qu'ils font?

– Léo, regarde Marie! dit Alex.

Marie est avec les élèves de M. Wang. Elle écoute bien, et
déjà, sa main va à droite et à gauche. Et puis, maintenant,
les deux mains. 30

M. Wang lève maintenant un pied, puis l'autre pied.

Alex et Léo ne parlent plus, ils font comme M. Wang.

---

2 **ne … jamais** nie – 12 **au moins** mindestens – 14 **voici** hier – 21 **respirer** atmen –
24 **bouger** sich bewegen – 31 **lever** heben

Léo regarde Alex;
- Eh, Alex tu transpires!
- Chut, dit Alex.

Maintenant, M. Wang met le pied droit plus loin. Alex a des
5 problèmes.
- Aïe, dit Alex, je ne peux plus rester comme ça! Ça fait super
mal!
- OK, moi je ne fais plus le cours! dit Léo. C'est trop nul!

Alex va avec son copain sur un banc. Maintenant, ils regardent
10 les autres.
- T'as raison, c'est trop nul, dit Alex. Bon, qu'est ce qu'on
fait maintenant? On reste avec Marie?

Marie est toujours avec les autres élèves. Elle lève une main,
un pied, l'autre main, l'autre pied. Elle ne regarde pas ses
15 copains.
- M. Wang a peut-être empoisonné Marie avec son thé. Elle
est bizarre, non? demande Léo.
- TU es bizarre, dit Alex. Elle aime le Taï Chi, c'est tout.

Puis, le cours passe vite, même pour Léo et Alex. Ils regardent
20 M. Wang et ses élèves et c'est joli. A la fin, M. Wang regarde
Léo et Alex et demande:
- Vous n'aimez pas le Taï Chi, les enfants? Vous êtes trop
fatigués?
- Fatigués! Mais Monsieur, non, on n'est pas fatigués. C'est
25 seulement … euh … c'est un peu …

Léo cherche ses mots.
- Oui, dit Alex, le judo, c'est autre chose. On va vite, c'est
vraiment un sport.
- Ah, dit M. Wang, c'est vraiment un sport … Ah bon!

---

2 **transpirer** schwitzen– 9 **un banc** eine Bank – 16 **empoisonner** vergiften

## 8 Monsieur Wang ou Maître Yoda?

Dans le parc, les élèves ne sont plus là ou bien discutent à droite et à gauche. Le portable de Léo sonne.
– Ah maman, oui! J'arrive! Mais non, maman …
5  Il va un peu plus loin pour parler avec sa mère.
Alex regarde M. Wang. M. Wang rigole encore.
– Hé hé, «vraiment un sport», c'est ça, hein?
– Ben oui, dit Alex. Le judo, c'est un vrai sport avec des vrais combats.
10 – Oui, oui, un vrai sport avec des combats. Tu as raison, dit M. Wang.
Et là, M. Wang fait quelque chose, très vite. Le vieux monsieur fait un salto. Une seconde après, il est sur ses pieds.
– Oui, oui, Alex! Tu as raison, un vrai sport, hé hé!
15 M. Wang trouve ça très drôle!

Alex ne dit pas un mot, elle ne peut pas parler. Que font les autres? Alex regarde dans le parc. Mais les copains ne font rien, ils n'ont pas regardé! M. Wang, son salto? Non! Ils n'ont pas regardé. Marie parle encore avec deux élèves de
20 M. Wang, Léo téléphone avec sa mère. Alex regarde encore M. Wang.
– Mais vous … euh … comment est-ce que …?
– Qu'est-ce qu'il y a Alex, ça ne va pas? demande le vieux monsieur.
25 – Euh … si, si … dit Alex … je … j'ai … j'ai … euh … fait un rêve!

Une minute après, Léo arrive.
– Alex, on y va maintenant! Je vais faire des courses pour ma mère et elle rentre bientôt. Alex! Alex? Ça ne va pas?
30 – Tu as … Tu n'as pas …
– J'ai … Je n'ai pas quoi, Alex?

---

3 **sonner** klingeln – 5 **plus loin** *hier*: weiter weg – 8 **vrai/vraie** wahr/richtig – 15 **drôle** lustig – 28 **faire des courses** einkaufen

– M. Wang!
– Quoi, M. Wang! Ecoute, Alex, tu aimes parler, non? Alors
s'il te plaît, parle! Qu'est-ce qu'il y a avec M. Wang?

Marie arrive aussi.
– J'ai adoré le Taï Chi. Pourquoi est-ce que vous n'avez pas    5
aimé?
– Parce que ce n'est pas vraiment un sport! dit Léo. Alex est
d'accord avec moi! Hein, Alex?
– …
– Euh … Alex!?    10
Alex ne parle pas, Alex ne dit rien. Marie regarde son amie.
– Alex, ça va? demande Marie.
– Oui, oui, tout va bien, dit Alex enfin! Mais euh … non,
Léo, les vieux qui font du Taï Chi ne sont pas comme les
autres vieux!    15
– Comment ça, pas comme les autres vieux, demande le
garçon.
– Ben, ils sont vieux comme maître Yoda dans *Star Wars*!
Marie et Léo rigolent.
– Alex, tu regardes trop la télévision! Monsieur Wang n'est    20
pas un Jedi et le Taï Chi ce n'est pas comme le Kung Fu!

Un peu plus loin, M. Wang regarde les trois amis. Il est déjà
tard. Léo, Alex et Marie vont rentrer à la maison.
– Au revoir, M. Wang … et merci pour le cours de Taï Chi,
dit Léo.    25
– Au revoir, Léo, dit M. Wang. Au revoir, Alex.
– Au revoir, maître Yo … euh … Monsieur Wang, dit Alex et
elle est rouge comme une tomate.
Alex et Léo quittent déjà le parc mais Marie est encore là.
– Marie, tu as encore une question, c'est ça? demande    30
M. Wang. Alors j'écoute.

## 9 Le secret

– Monsieur Wang, c'est qui la fille dans votre magasin? C'est votre petite-fille? Elle a … euh … elle a dit: «Zǔfù»!
– Oh, mais tu es une bonne détective, Marie! Mais oui, bien
5    sûr, j'ai travaillé avec Li-Feng dimanche! Li-Feng est ma petite-fille, elle a 13 ans.
– Elle travaille dans le magasin avec vous? demande Marie.
– Non, c'est … un autre travail … Euh … Ce n'est pas vraiment un travail …
10 M. Wang regarde Marie. Est-ce qu'il va raconter encore quelque chose?
– Ecoute, Marie, c'est … c'est un secret!
– Un secret!
– Oui. Un secret très important. Ecoute, tu peux rencontrer
15    Li-Feng mercredi après-midi. A 15 heures. Mais viens seule, s'il te plaît. Tes copains sont très sympas, mais ils ne sont pas prêts.
– Pas prêts pour quoi? Pour rencontrer Li-Feng?
– Pas prêts pour le secret! dit M. Wang, très mystérieux. Tu
20    ne parles pas avec tes copains, d'accord, Marie?
– D'accord! dit Marie. Alors, à mercredi, M. Wang. A 15 heures au magasin.
– A mercredi, Marie.

Marie rentre à la maison à 18h30. Ses parents, son frère et
25  sa sœur sont là. Moustique n'est pas content: «Enfin! Mais où est ce que tu as passé l'après-midi? Après le collège, on joue dans le parc ensemble!».
– Alors Marie, qu'est-ce que tu as fait après ton cours de musique? demande sa mère. Tu rentres tard!
30 – Ah oui … mon cours de musique … ben … euh … je … On a fait un tour avec Alex et Léo, dit Marie.

---

1 **un secret** ein Geheimnis – 4 **un/une détective** ein/e Detektiv/in – 16 **seul/seule** allein/alleine – 17 **prêt/prête** bereit – 19 **mystérieux/mystérieuse** geheimnisvoll

– Et les devoirs, ma grande?
– Mais maman, je n'ai pas de problèmes avec le collège et
les devoirs.
– Oui, tu as raison, ma puce. Mais les parents posent tou-
jours ces questions! 5
– Quand est-ce qu'on mange?
– Clara fait des spaghettis pour tout le monde, ce soir. On
mange dans une heure.
– D'accord, je vais dans ma chambre alors.
10

Marie est dans sa chambre, sur son lit. … Monsieur Wang,
le «Palais des Thés», le Thé des singes, le Taï Chi, le Wu
Shu, et maintenant Li-Feng et son secret … Encore deux
jours avant mercredi. Et Marie ne peut pas parler avec ses
copains. Elle ne trouve pas ça très sympa. Pourquoi est-ce
que M. Wang a dit ça? Mais, elle a très envie de rencontrer 15
Li-Feng! Alors, c'est sûr, elle ne va rien raconter.

Mardi matin, Marie retrouve Alex et Léo comme tous les
jours.
– Salut Marie, dit Alex! Alors, tu as encore discuté avec
M. Wang hier dans le parc. Vous avez parlé du Taï Chi? 20
– Non … euh … oui, c'est ça! C'est cool, le Taï Chi, non?
– Cool, tu trouves vraiment? demande Léo. Bon, écoutez
les filles, demain, au skate park des Fillettes, il y a une
démonstration avec des super skateurs! Ça commence à
15 heures. 25
– Oui, c'est génial, il y a même Thaig Kris, le champion du
monde! dit Alex.
– Ah oui, c'est … euh … vraiment bien … mais mercredi,
je … je vais … euh …
– Tu vas où? demande Alex. Mais Marie, tu A-DO-RES 30
Thaig Kris! Tu as oublié?

24 **une démonstration** *hier*: eine Show – 26 **même** sogar – 27 **le monde** die Welt

- Oui, c'est vrai! Mais mercredi, je vais … chez le vétérinaire avec Moustique!
- Ah bon, mais qu'est-ce qu'il a, Moustique. Tu n'as rien raconté, dit Alex.
5 - Il a … euh … un problème … euh … psychologique.
- Quoi!!? dit Léo.
- Oui, il … euh … pense qu'il est un huski.
- C'est une blague, non? demande Alex.
- Non, non, dit Marie! C'est vraiment un problème!

10 Marie est triste parce qu'elle raconte des mensonges à ses copains. Et ça, ce n'est pas bien! Et cette histoire de huski est vraiment très nulle. Mais elle a très, très envie de rencontrer Li-Feng. Et son secret, qu'est-ce ça peut être? Marie est curieuse … TRES curieuse … TROP curieuse?

15 ## 10 Marie est bizarre.

On est maintenant déjà en décembre. Et le mois de décembre passe toujours très vite. On cherche des cadeaux pour tout le monde et puis c'est bientôt les vacances. Mais pour Alex et Léo, les semaines avant Noël ne sont pas comme les autres
20 années. Qu'est-ce qui se passe avec leur copine Marie? Elle n'a plus le temps. Le mercredi, elle a toujours quelque chose à faire. Dans la semaine, elle ne reste pas après les cours pour discuter avec ses copains. Ils ne rentrent plus ensemble après le collège, ils ne jouent plus ensemble dans le parc.
25 Quand Alex ou Léo téléphonent à Marie, elle n'est pas là ou elle n'a pas le temps.

Le week-end, ils font parfois un tour dans le quartier avec Moustique. Mais ce n'est pas comme avant, Marie est là avec ses copains, mais elle n'écoute pas. Et puis, elle reste
30 une ou deux heures maximum et elle rentre chez elle.

---

1 **le vétérinaire** der Tierarzt – 7 **penser** denken – 8 **une blague** ein Scherz – 10 **un mensonge** eine Lüge – 14 **curieux/curieuse** neugierig – 27 **parfois** manchmal

Un jour, Léo dit à Alex:

– Bon, Alex, Marie est trop bizarre. Il y a un problème!

– Oui, elle est bizarre, c'est vrai! Mais qu'est-ce qu'on fait alors?

– Ecoute, j'ai une idée mais tu vas peut-être trouver ça nul, dit Léo.  5

– Raconte!

– Bon, voilà! Nous allons espionner Marie.

– Quoi? Espionner Marie!? Mais on ne fait pas ça avec une copine.  10

– Et Marie alors! Qu'est-ce qu'elle fait avec ses copains? Elle ne nous raconte rien! Elle ne parle plus avec nous, elle ne va presque plus au parc, elle ne fait plus de roller avec nous … Nous allons trouver pourquoi elle est comme ça! C'est peut-être très important!  15

C'est le mardi avant les vacances. Après le dernier cours de sport, il est 16h15 et les élèves vont rentrer chez eux. Alex regarde Marie. Elle range vite ses affaires dans son sac. Alex demande:

– Marie, qu'est-ce que tu fais maintenant? Avec Léo, on va  20
à la FNAC pour acheter des cadeaux. On y va ensemble?

– A la FNAC! Pour les cadeaux! Oui, c'est une bonne idée, mais aujourd'hui … je fais déjà quelque chose.

– Ah bon …, c'est dommage, dit Alex. Bon, alors à jeudi!

– A jeudi, dit Marie.  25

Elle prend son sac et quitte la cour du collège. Alex et Léo sont derrière leur copine. Elle est maintenant dans l'avenue de Clichy. Marie va vite. Il y a beaucoup de gens dans l'avenue de Clichy et Marie ne regarde pas derrière elle. Pour Alex et Léo, ce n'est pas un problème. A la station de  30
métro Brochant, Marie tourne à droite dans la rue Brochant. Elle traverse la rue Lemercier et la rue Nollet. Elle arrive au square des Batignolles.

35

---

8 **espionner** nachspionieren – 21 **acheter** kaufen

– Mais qu'est-ce qu'elle va faire au square des Batignolles?
demande Alex. Il fait trop froid pour jouer dans un parc.
Mais Marie traverse le square et arrive à la rue Legendre.
Dans la rue Legendre, elle entre dans une petite crêperie.
5  – Ça, c'est nul, dit Léo. Chez Crêpes and Co, on mange des
super crêpes et Marie va manger des crêpes sans nous!
– Elle a rendez-vous avec quelqu'un? demande Alex.
– Je ne sais pas, dit Léo. Qu'est-ce qu'on fait?
– Attention, dit Alex. Regarde! C'est Monsieur Wang.
10 Les deux copains entrent vite dans un magasin de vêtements.
– Ouf, dit Alex! Regarde. Il va entrer dans la crêperie. Il est
avec une fille.
– Mais oui! Mais qu'est-ce qu'ils font? demande Léo.
– Qu'est-ce qu'on fait dans une crêperie, Léo? dit Alex. On
15 mange des crêpes, non? Ce n'est pas très mystérieux.
Ecoute, moi, je rentre. Ce ne sont pas nos affaires. Marie
aime bien Monsieur Wang et voilà! Je ne veux pas espionner
ma copine, c'est nul! Viens!
– D'accord! Tu as raison, dit Léo. On y va.


## 11  Phénix et dragons

20

Après les vacances de Noël, on retrouve le collège. Léo a
passé les vacances chez ses grands-parents, Alex aussi a
quitté Paris. Et Marie? Le lundi 4 janvier, les copains prennent
le bus ensemble pour aller au collège. Il fait très froid, trop
25 froid pour aller à l'école à pied.
– Alors Marie, demande Léo, qu'est-ce que tu as fait pendant
les vacances?
– Moi? Oh, rien! Mes grands-parents ont passé Noël ici. Et
puis, j'ai joué avec Moustique …
– Ah oui, Moustique! Il a toujours son problème … psychologique? demande Alex.

7 **avoir rendez-vous avec qn** mit jdm. verabredet sein – 19 **un phénix** ein Phönix –
26 **pendant** während

– Son problème psy … ah oui, dit Marie. Oui … euh … enfin non, ça va maintenant … il a oublié les huskis!
– Super, dit Léo. Mais il y a aussi les Rottweiler, les Pitbulls …
– Stop, Léo! dit Alex.                                                5

Léo regarde les deux filles. Il n'est pas content parce qu'il sait que Marie ne dit pas la vérité.

Marie regarde Léo et Alex.
– Ecoutez, vous êtes vraiment des super copains. Et je n'ai pas beaucoup de temps pour vous, c'est vrai! Mais je ne  10
  peux pas vous raconter pourquoi!
– Ah bon, dit Léo. Et pourquoi?
– Parce que c'est une surprise! Vous allez bientôt comprendre!

Dans le bus, les trois copains ne parlent plus. Alex et Léo  15
ne posent plus de questions. Leur copine a trouvé d'autres copains, voilà!
– Tu trouves qu'on est nuls parce qu'on n'aime pas le Taï Chi, c'est ça? dit Léo.

Marie commence à rigoler.                                          20
– S'il te plaît, Léo, pourquoi est-ce que tu dis des trucs bizarres comme ça! Le Taï Chi?!
– Oui, Alex et moi, on sait que tu passes ton temps avec M. Wang et sa petite-fille!

Là, Marie ne rigole plus.                                          25
– Ah, d'accord! Vous espionnez alors! Vous pouvez aussi poser des questions!
– Mais Marie, dit Alex, quand on pose des questions, tu ne dis rien. On trouve que c'est bizarre, c'est tout!

Marie quitte sa place et va loin derrière dans le bus.             30

Au collège, toute la journée, les copains ne parlent pas ensemble. Tout le monde est triste. C'est vraiment nul!

---

7 **la vérité** die Wahrheit – 13 **comprendre** verstehen

Mais le soir, quand Léo rentre à la maison, il trouve une lettre bizarre. Sur la lettre, il y a un dragon rouge et un oiseau bleu, un phénix! C'est une invitation:

INVITATION
**FÊTE DU NOUVEL AN CHINOIS**
Samedi 28 janvier
Grand défilé traditionnel dans les rues du 17ᵉ arrondissement
Place de l'hôtel de ville, 18 h 30 : **la danse du lion**

Léo téléphone à Alex.

5 – Alex, c'est Léo. Est-ce que tu as aussi eu une invitation?
 – Oui, dit Alex … Le nouvel an chinois… C'est ça, la surprise de Marie?
 – Je ne sais pas, dit Léo.

Un jour après, Alex et Léo retrouvent Marie à la station de
10 bus.
 – Marie, la lettre, c'est toi? demande Léo.
 – La lettre??
 – Mais oui, dit Alex, moi aussi, j'ai une invitation.
 – Une invitation??
15 Marie sourit.
 – Laisse tomber! dit Léo à Alex. Elle ne va rien raconter. Rendez-vous le 28 janvier pour la surprise.
 – Pfff, ça va être long, dit Alex!

---

2 **une lettre** ein Brief – 3 **un oiseau** ein Vogel – 3 **une invitation** eine Einladung – *Einladungskarte:* **le nouvel an** das Neujahr – **un défilé** ein Umzug – **un lion** ein Löwe – 16 **Laisse tomber!** Vergiss es!

# 12 La danse du lion

Le 28 janvier, dans les rues du quartier, il y a beaucoup de
monde. Alex et Léo sont ensemble et ils cherchent Marie.
Les copains rencontrent Clara.
– Salut Clara, où est ta sœur? 5
– Je ne sais pas, dit Clara. Elle prépare quelque chose, mais
  je ne sais pas quoi. Elle a invité tout le monde, même sa
  copine Lilou est là.
– Bon, la danse du lion commence à 18h30. Vite, on va
  trouver une bonne place. 10
Il fait froid mais il ne pleut pas. Sur la place de l'hôtel de
ville, il y a des jolies lanternes rouges. Il y a des musiciens,
ils ont des vêtements rouges, bleus, verts. C'est la fête, les
gens arrivent et tout le monde est content. Les petits enfants
ont des pétards rouges. Un homme arrive sur la place. Il va 15
parler. Il porte une veste avec un dragon vert et rouge et un
petit chapeau noir.
– Regarde Alex, dit Léo. C'est M. Wang.
– Mais oui, tu as raison, dit Alex. Mais où est Marie?
– Je ne sais pas. Ecoute, il va parler. 20

M. Wang prend le micro:
– Chers amis de Paris, de France, de Chine et du monde,
  bienvenue! Pour des millions de gens, c'est aujourd'hui une
  nouvelle année qui commence. Nous entrons dans l'année
  du dragon. Chez nous, le dragon est un porte-bonheur. 25
  Alors, pour dire bonjour ensemble au grand dragon, nous
  avons préparé une surprise pour le quartier. Nous avons
  beaucoup travaillé pour ce soir. Avec moi, les enfants ont
  passé des heures et des jours pour apprendre la danse du
  lion. Alors, pour vous, aujourd'hui, voici les élèves de «Phénix 30
  et dragons».

---

12 **une lanterne** eine Laterne – 15 **un pétard** ein Knallkörper – 24 **nouveau/
nouvelle** neu – 25 **un porte-bonheur** ein Glücksbringer

Un animal bizarre arrive sur la place. C'est un lion chinois. Il
est très joli avec des couleurs fantastiques. Dans le costume
du lion, il y a deux personnes. Le lion fait un tour sur la
place. Il regarde les gens. Les petits enfants ont un peu peur.
Mais un autre lion arrive avec un autre costume et d'autres 5
couleurs. Les deux lions commencent à jouer et à danser
ensemble. La musique va très vite maintenant. Et puis, un
autre lion arrive, il est grand, noir et jaune. Les trois lions
dansent vite, très vite. Ils sautent, tournent avec la musique.
Alex et Léo regardent et ne parlent plus. C'est fantastique. 10
Le temps passe vite, trop vite. C'est déjà fini. Tout le monde
applaudit très fort. Et là, les trois lions arrivent devant les
gens et … enlèvent leurs masques. Dans le lion rouge, il y a
Li-Feng et … Marie!
– Mais c'est Marie, là, dans le lion rouge! Bravo Marie, bravo! 15
  Super! Génial! dit Alex.
– Super, Marie! Génial, dit Léo! Alors voilà la surprise!
– Elle a beaucoup travaillé pour apprendre cette danse, dit
  Alex. Je comprends maintenant.
Dix minutes plus tard, Marie est avec ses copains. 20
– Alors, vous avez aimé la danse du lion? demande Marie.
– Aimé? On a A-DO-RE! Tu es fantastique, Marie! Bravo!
  Mais pourquoi tu n'as rien raconté?
– Parce c'est une surprise! On ne peut pas raconter qu'on
  prépare la danse du lion: c'est toujours un secret! 25
– C'est quoi «Phénix et dragons»? demande Léo.
– C'est une école de sport. On peut faire du Kung Fu et
  … du Taï Chi par exemple! Moi, je vais faire du Kung Fu
  maintenant.
– Waouh! Du Kung Fu! Est-ce que je peux aller avec toi? 30
  demande Léo.
– Et moi aussi? demande Alex.

---

2 **un costume** *hier:* eine Verkleidung – 11 **fini** *hier:* fertig – 12 **applaudir** klatschen –
13 **enlever qc** etw. absetzen – 18 **apprendre qc** etw. lernen – 19 **comprendre qc**
etw. verstehen

Tout à coup, quelqu'un pose une main sur Alex et une autre main sur Léo.
  – Alors, vous êtes d'accord pour faire du sport avec des vieux maintenant?
5 M. Wang regarde les trois copains et rigole.
  – Du sport avec Maître Yoda! Moi, d'accord je suis, dit Alex!


FIN


1 **quelqu'un** jemand

# Rubrique «Civilisation»

## Chinatown in Paris

Paris rühmt sich des größten chinesischen Viertels in Europa. Gelegen im 13. Arrondissement, besteht das *Quartier asiatique* aus chinesischen, vietnamesischen und laotischen Kaufleuten und Einwohnern. Der Bereich verläuft zwischen der Avenue d'Ivry und der Avenue de Choisy. Von den Bewohnern von Paris wird dieses Gebiet oft als *Chinatown* bezeichnet, obwohl die Bewohner eigentlich zum größten Teil aus den ehemaligen französischen Kolonien Südostasiens stammen. Neben der großen Chinatown im 13. Arrondissement existieren zwei kleinere asiatische Viertel.

## Das chinesische Neujahrsfest

Das Neujahrsfest der umfangreichen chinesischen (bzw. asiatischen) Bevölkerung in Paris wird jedes Jahr ausführlich öffentlich gefeiert. In der französischen Hauptstadt gehört das chinesische Neujahrsfest bereits seit längerem zu den festen Events am Jahresbeginn. Neben zahlreichen Veranstaltungen, die die chinesische Kultur einem erweiterten Bevölkerungskreis in Paris näher bringen wollen, finden jedes Jahr die beliebten chinesischen Neujahrsumzüge statt. Der größte findet im 13. Pariser Arrondissement statt. Dieser bunte Umzug mit Kostümen, Masken und traditionellen chinesischen Tänzen und Musik zieht jährlich tausende von Zuschauern an.

# Pendant la lecture

### Chapitre 1

*Vrai ou faux?*

| | V | F |
|---|---|---|
| 1. Le dimanche, Moustique aime rester dans son lit. | | |
| 2. Moustique a regardé un reportage sur les chats. | | |
| 3. Marie arrive dans la cuisine avec un pull vert et un chapeau rouge. | | |
| 4. Dans la maison de la presse, il y a une affiche super. | | |
| 5. Dans la rue, Moustique rencontre un gros chat noir. | | |

### Chapitre 2

*Reliez les phrases.*

| 1. Moustique court | • | • | a. dans son magasin. |
|---|---|---|---|
| 2. Marie court | • | • | b. sur une étagère. |
| 3. Husi est | • | • | c. derrière son chien. |
| 4. M. Wang est | • | • | d. derrière Husi. |

### Chapitre 3

a) *Dans le magasin de M. Wang, il y a … Retrouvez les sept mots. Ecrivez les mots avec leurs articles.*

| tas | ta | boî | pho | é | ta | por |
|---|---|---|---|---|---|---|
| se | te | to | gè | chai | te | re |
| | | se | ble | | | |

b) *Le «Thé des singes», qu'est-ce que c'est? Expliquez en allemand.*

## Chapitre 4

*Mettez les phrases dans le bon ordre de l'histoire.*

A. Marie trouve ça bizarre.
B. Marie et Moustique rentrent à la maison.
C. M. Wang n'a plus le temps.
D. Une fille dit quelque chose.
E. Moustique est très content du tour avec Marie.

Le bon ordre: 

| | | | | |
|---|---|---|---|---|
| | | | | |

## Chapitre 5

*Répondez aux questions.*

1. A qui est-ce que Marie va d'abord parler de M. Wang?
2. Où est-ce que Marie retrouve ses copains?
3. Qui est Chen?
4. Pourquoi est-ce que Chen n'est pas content?
5. *Zǔfù*, qu'est-ce que c'est?

## Chapitre 6

*Remplacez les pronoms par les noms qui conviennent.*

1. **Il** a envie de rencontrer Alex.

2. **Ils** vont ensemble au «Palais des Thés».

3. **Elles** prennent une tasse de thé.

4. **Il** regarde tout le monde et prend son temps.

5. **Elle** porte des vêtements chinois.

## Chapitre 7

*Qui dit quoi à qui? Reliez les phrases.*

|  | (dit) | | (à) |
|---|---|---|---|
| M. Wang • | • «J'ai mon cours de musique.» | • | • Léo |
| Alex • | • «C'est un truc pour les vieux.» | • | • M. Wang |
| Alex • | • «Vous êtes fatigués.» | • | • M. Wang |
| Marie • | • «Le judo, c'est vraiment un sport.» | • | • Alex |
| Léo • | • «Elle aime le Taï Chi.» | • | • Alex et Léo |

## Chapitre 8

*Trouvez et entourez l'intrus.*

un combat – le sport – une tour – un salto – le judo – bouger

un SMS – le portable – le téléphone – un rêve – parler – une voix

le Taï Chi – le judo – le karaté – le rugby – le Kung Fu – le Wu Shu

## Chapitre 9

*Complétez les phrases.*

1. Li-Feng, c'est la _____ de M. Wang.

2. Lundi soir, la _____ de Marie prépare le

   repas: elle fait des _____.

3. Marie n'a pas de problèmes avec le _____

   et avec les _____.

4. Thaïg Kris, c'est le _____ du monde

   de skate.

**Chapitre 10**

*Reliez les phrases.*

| | |
|---|---|
| 1. Après le cours de sport, • | • a) il y a beaucoup de gens. |
| 2. A la FNAC, • | • b) les enfants quittent le collège. |
| 3. Après le collège, • | • c) il y a une crêperie. |
| 4. Dans l'avenue de Clichy,• | • d) Marie n'a plus le temps. |
| 5. Dans la rue Legendre, • | • e) Léo et Alex vont acheter des cadeaux. |

**Chapitre 11**

*Cochez la ou les bonnes réponses.*

1. A la maison, Léo trouve …

   ☐ une invitation   ☐ une lettre   ☐ un cadeau.

2. La surprise, c'est … ☐ le 17 janvier à 18h30

   ☐ le 23 janvier à 17 h   ☐ le 28 janvier à 18h30.

3. La lettre est de …

   ☐ Marie   ☐ M. Wang   ☐ On ne sait pas.

**Chapitre 12**

*Retrouvez les 8 mots de la fête dans la grille!*

| | | | | | | | | |
|---|---|---|---|---|---|---|---|---|
| c | e | r | l | i | m | e | r | 1. _____ |
| o | n | m | a | s | q | u | e | 2. _____ |
| s | é | i | n | d | d | k | m | 3. _____ |
| t | p | é | t | a | r | d | a | 4. _____ |
| u | l | r | e | n | a | l | s | 5. _____ |
| m | a | t | r | s | g | i | t | 6. _____ |
| e | c | o | n | e | o | o | r | 7. _____ |
| l | e | t | e | c | n | n | e | 8. _____ |

# Après la lecture

### 1. Le titre

Imaginez un autre titre pour la lecture.

### 2. L'interview de Marie

Après le défilé, le journal du quartier veut interviewer Marie. Imaginez les questions et les réponses.

### 3. Le monde entier est à Paris.

Cherchez sur Internet puis sur un plan *(Stadtplan)* de la ville de Paris:

– Où est le *Little India* à Paris?
– Où est la grande Mosquée *(Moschee)* de Paris?
  [Il y a là des gâteaux très bons!]
– Quel est le musée de l'art asiatique *(asiatische Kunst)* à Paris?
– Si on cherche des produits africains *(afrikanische Produkte)*, où est-ce qu'on va à Paris?